AF562864

PÉTITION

PRÉSENTÉE

A LA CHAMBRE DES PAIRS

DE FRANCE.

PÉTITION

PRÉSENTÉE

A LA CHAMBRE DES PAIRS

DE FRANCE,

PAR LORD **KINNAIRD**,

PAIR D'ANGLETERRE;

SUIVIE de son Mémoire en faveur du sieur MARINET, détenu à la Conciergerie du Palais, à Paris, au sujet de la tentative d'assassinat sur la personne du lord duc de Wellington, le 10 février 1818.

PARIS,

A LA LIBRAIRIE CONSTITUTIONNELLE,
CHEZ BAUDOUIN FRÈRES, rue de Vaugirard, n°. 36.
FOULON et Comp., Libr., rue des Francs-Bourgeois, n°. 3.
DELAUNAY, au Palais-Royal, n°. 143.

MAI 1818.

A MM. LES MEMBRES

DE

LA CHAMBRE DES PAIRS.

MESSIEURS,

UN Français, condamné à mort par une cour prévôtale, s'est offert d'empêcher un assassinat médité contre le duc de Wellington, quelques jours auparavant la tentative de ce crime, dans le mois de février passé. Le révélateur, qui avait demandé, pour toute condition personnelle, un sauf-conduit pour aller en France, et pour retourner à Bruxelles, ayant vu, dans une lettre du duc de Wellington, qui assurait que le gouvernement français était prêt à traiter avec lui, une garantie qui a paru complète au duc de Richemond, ainsi qu'à moi, est venu à Paris, où tout faisait espérer qu'il pourrait rendre un grand service. Le Mémoire joint à cette Pétition vous exposera, MESSIEURS, les démarches qui ont conduit dans les fers l'homme qui s'est confié à la parole de son gouvernement. En vain j'ai réclamé l'exacte exécution des engagemens pris avec cet individu, par mon intermédiaire, auprès des ministres du Roi. Pair de la Grande-Bretagne, je crois devoir faire connaître à la Chambre des Pairs de France cette infraction au droit le plus respectable, en la sollicitant de daigner appuyer ma demande auprès des ministres de Sa Majesté.

J'ai l'honneur d'être,

MESSIEURS,

Votre très-humble et obéissant serviteur,

KINNAIRD.

Paris, ce 13 avril 1818.

MÉMOIRE.

Le 29 janvier, un Français (1), que j'avais rencontré à Bruxelles, me demanda la permission de venir me voir le lendemain, pour me parler d'une affaire importante.

J'eus avec ce Français la conversation détaillée dans la lettre suivante, adressée par moi au général Murray, et dont voici la traduction :

Bruxelles, le 30 janvier 1818.

« C'est après avoir consulté le duc de Richemond que je vous communique le fait suivant :

» Un réfugié français, que je connais peu, est venu chez moi ce matin, et m'a dit que

(1) M. Marinet, auditeur au conseil d'état, condamné à mort par contumace, par une cour prévôtale, à Dijon, en 1815.

» trois de ses amis désiraient retourner en » France, s'ils le pouvaient avec sûreté; ce » sont deux hommes de lettres et un officier » de partisans, sur qui pèse un jugement d'une » cour prévôtale; il m'a demandé si je croyais » qu'il fût possible d'intéresser le duc de Wel- » lington en leur faveur. Je lui ai répondu que » je ne le croyais pas, pour deux raisons : la » première, parce que je ne pensais pas qu'il » voulût s'en mêler; et la seconde, parce que » je ne voyais pas de motif pour l'en prier. Il » m'a demandé si je pensais qu'il pût faire » cette demande à M. de Cazes, en lui révé- » lant un complot qui menaçait la vie du duc. » Je lui ai répondu qu'un service de cette na- » ture lui donnerait certainement un titre à sa » reconnaissance, mais qu'il était fort difficile » d'engager le duc à faire quelque attention à » des menaces d'une attaque sur sa personne, » et qu'il faudrait une grande évidence pour » écarter le soupçon tout-à-fait naturel que le » complot était une invention pour favoriser » quelques vues particulières. Il m'a répondu » que, quant à lui, il n'avait rien à demander, » attendu qu'il était définitivement condamné » pour le rôle qu'il avait joué; que, d'ailleurs, » comme il était à son aise, il avait formé d'au- » tres plans, et qu'il n'avait aucun désir de

» retourner en France ; qu'il n'était engagé à » cette révélation que par l'horreur que lui » inspirait un assassinat, et que le seul avan- » tage qu'il voulait en tirer était de rendre » service à ses amis.

» Je lui ai demandé comment il avait eu » connaissance de l'attentat projeté. Il m'a ré- » pondu qu'un officier (je crois à demi-solde) » à qui il avait de temps en temps procuré des » moyens d'existence, lui avait donné con- » naissance d'une invitation qui lui avait été » faite à lui-même, il y a quelques mois, de » l'exécuter ; qu'il avait refusé, et qu'un autre » avait accepté ; que ce dernier avait été, pen- » dant quatre mois, payé par ceux qui l'em- » ployaient ; et qu'après avoir été constam- » ment tout ce temps dans le voisinage du duc, » et partout où il allait, il s'était maintenant » établi à Paris, où il attendait qu'il arrivât.

» La personne qui m'informait a ajouté : Ce » coup est médité par un parti qui est tota- » ment différent de celui que j'ai épousé, et » qui lui est même opposé. Alors, je lui ai dit » que j'allais, sans perdre un instant, faire part » de ce qu'il m'apprenait ; mais que je désirais » savoir par quels moyens il se proposait de » manifester ce projet, ou à tout événement » d'en arrêter l'effet immédiatement. Il m'a ré-

» pondu qu'il y avait deux manières pour cela; » qu'il ne consentirait jamais à devenir l'in» strument de la punition de personne, et » qu'il n'était pas dans une position à le faire; » mais qu'il lui était impossible de reparaître » en France sans un sauf-conduit; que, s'il » pouvait en avoir un du ministre de la police » ou du duc de Wellington, il y retournerait; » que cela était suffisant, et qu'en vingt-quatre » heures il se faisait fort d'indiquer la per» sonne, que la police reconnaîtrait sans dif» ficulté pour un aventurier, un étranger, » dont elle pourrait s'assurer de suite; que, si » l'on n'approuvait pas cette manière d'agir, » il tâcherait d'obtenir d'un ami le nom que ce » mauvais sujet avait pris; et, s'il était même » possible, son signalement assez exact pour » qu'il fût utile, quoiqu'il eût lieu de craindre » qu'il n'eût rendu cela difficile au moyen » d'un déguisement. Voilà ce qu'il a promis » de faire. Si je puis l'obtenir de lui avant le » départ du courrier, je vous en donnerai » communication.

» Tel a été le sujet de notre conversation, » dont les détails ont été de nature, je l'avoue, » à me faire ajouter à cette histoire assez de » foi pour me convaincre de la nécessité de » vous en instruire immédiatement. C'est à

» vous de décider s'il faut en parler au duc. Si » l'on juge à propos d'envoyer les passe-ports, » je tâcherai de presser le départ de la per- » sonne par la diligence, sans perdre un in- » stant. Je ne vois pas quel avantage cet indi- » vidu pourrait avoir à inventer une pareille » histoire, qui le mettrait lui-même entre les » mains de la police pendant tout le temps » qu'il serait à Paris, et dont tout le profit ne » consisterait, en définitif, que dans la faveur » qui serait accordée à ses amis.

» Dans tous les cas, ayez la bonté de me ré- » pondre très-promptement. J'envoie cette » lettre à Maubeuge, parce que je pense que, » quand vous n'êtes pas à Cambrai, c'est la » voie la plus sûre.

» Je suis, etc.

» *Signé* KINNAIRD. »

Le 13 février, je reçus la réponse du chevalier Murray, qui m'annonça que le duc de Wellington n'attachait pas une grande importance à la nouvelle; que lui-même pensait que le rapport était *une attrape*; mais il croyait que je me blâmerais moi-même, comme d'autres m'accuseraient, si quelque malheur arrivait, par trop de réserve de ma part, en ne nommant pas la personne de qui je tenais la communication.

J'écrivis à M. Murray une seconde lettre, dont voici la copie :

Bruxelles, le 13 février 1818.

« Votre lettre datée du 8 ne m'a été remise » que ce soir. J'avais prévu la manière dont le » duc recevrait ma communication ; mais j'ai » cru et je crois encore qu'il était de mon » devoir de la faire. Je suis très-charmé de voir » que vous, qui êtes bien meilleur juge que » moi dans ces matières, ayez pensé que les » probabilités que l'informant est *une attrape*, » sont comme 99 sont à 1.

» Je ne connais que très-peu la personne en » question, mais si je ne l'avais pas crue digne » de quelque confiance, ou plutôt si je n'avais » pas considéré que l'évidence qui m'était of- » ferte, était en état de soutenir une épreuve » sûre et immédiate, je ne vous aurais certai- » nement pas écrit à ce sujet.

» Si je comprends bien la dernière partie » de votre lettre, je suis obligé de différer » avec vous d'opinion, et même de croire que » vous n'avez pas compris ma première com- » munication. Vous paraissez croire que j'au-

» rais un tort à me reprocher, comme il vous » semble que d'autres m'en accuseraient, si un » attentat venait à avoir lieu maintenant, parce » que je ne vous ai pas donné le nom de l'in- » dividu qui s'offre à vous convaincre de la vé- » rité de ses renseignemens : si je ne me trompe » pas, je vous ai dit que cet homme, à qui il » n'est pas possible d'entrer en France sans » qu'on lui garantisse une entière sûreté pour » sa personne, a offert de partir pour Paris » avec telle personne que vous voudriez dé- » signer, pour vous faire connaître en quarante- » huit heures l'individu dont on a tout à » craindre, sans exiger aucune récompense ni » d'autres avantages qu'un sauf-conduit qui lui » serait garanti ; et l'on ne demanderait l'in- » tervention du duc que lorsque ce complot » serait découvert.

» Comme je ne vois pas que cet individu ait » pu se promettre aucun avantage, ainsi que » vous le remarquez très-justement, de la sup- » position d'un complot, et qu'il ne pouvait » attendre aucun bien pour lui d'un voyage à » Paris sous la surveillance de la police, je re- » garde les garanties qu'il offre comme parfai- » tement suffisantes, et je trouve assez raison- » nable qu'il refuse de révéler en même-temps » sa résidence à la police de France, à cause

» des persécutions qu'il n'aurait que trop à re-
» douter.

» Au reste, quoique vous puissiez en penser,
» ma conscience est parfaitement tranquille ;
» seulement s'il arrivait quelque malheur, mes
» regrets seraient éternels.

» Toutefois, votre jugement, je le répète,
» sur le peu de foi qu'on doit ajouter à ces ren-
» seignemens, est bien fait pour m'ôter toute
» inquiétude ; et il ne me reste d'autre regret
» que celui que m'occasionent les réflexions
» précipitées que vous vous êtes permises sur
» mon silence à l'égard du nom, quand l'homme
» qui le porte s'offre par mon intermédiaire à
» livrer sa personne à vos recherches, à la
» seule condition de lui garantir son retour à
» Bruxelles.

» Croyez-moi, etc.

» *Signé* KINNAIRD. »

Le 17 du même mois, le secrétaire de l'ambassade britannique est arrivé de la Haie à Bruxelles ; nous trouvant ensemble chez le duc de Richemond, et en présence de ce seigneur, il me demanda le nom de l'individu qui m'avait communiqué les détails consignés dans ma lettre du 30 janvier. Je lui répondis qu'ayant accepté de la part de cet individu, comme garantie suffisante, l'engagement de faire le voyage à Paris pour certifier la vérité de sa déposition, aussitôt qu'il pourrait s'y rendre avec sûreté, je lui avais donné ma parole de ne pas le faire connaître à Bruxelles sans son consentement.

Nous allâmes ensemble, le duc de Richemond, le secrétaire d'ambassade (M. Chad) et moi, chez M. le procureur du roi de cette ville. Là, je réitérai le refus de nommer le révélateur, mais en déclarant que j'avais la conviction que celui-ci exécuterait avec fidélité l'engagement qu'il avait pris de se rendre à Paris, aussitôt qu'il y pourrait arriver, muni d'un sauf-conduit qui lui serait donné sur la parole du ministre de la police générale et sur celle du duc de Wellington.

C'est alors que M. Chad m'a communiqué une lettre du duc de Wellington, qui assurait que le gouvernement français *était actuellement prêt à traiter avec le révélateur*. Je demandai à ces messieurs si je pouvais regarder cette assurance comme une garantie assez forte pour la personne intéressée; et, quoique M. Chad, autorisé officiellement à me communiquer la lettre du duc, ne me donnât pas de la part de l'ambassade une garantie positive, cependant, sur l'observation du duc de Richemond, que je pouvais regarder la parole du duc de Wellington comme un appui irrécusable, je me décidai à proposer à M. Marinet (c'est le nom du révélateur) de se rendre immédiatement à Paris, à moins qu'il ne préférât de se nommer à Bruxelles.

Le soir même, j'allai trouver le sieur Marinet à Anvers, où je lui proposai ou de se nommer ou de faire le voyage d'après la garantie proposée et reçue.

Il accepta la seconde de ces propositions, en y opposant toutefois deux conditions : l'une était que je l'accompagnasse, l'autre que le voyage fût tenu secret, *sans quoi, disait-il, tout effort de sa part pour découvrir l'assassin serait infructueux.*

De retour à Bruxelles le lendemain matin, je consultai le duc de Richemond, qui approuva entièrement mes démarches et mes projets, et dans l'après-dîner du 18 je partis avec M. Marinet pour Paris.

Le 21 je suis arrivé à une heure et demie après midi. Je trouvai le ministre de la police générale chez le duc de Wellington; et, dès que j'eus reçu de S. Ex. l'assurance que les promesses précédemment faites à M. Marinet seraient exactement tenues, ce dernier fut immédiatement interrogé par le ministre depuis trois heures et demie jusqu'à six heures de l'après-midi.

Le lendemain, M. Marinet m'informa qu'il avait déclaré au ministre que les difficultés survenues à la découverte de l'assassin, occasionées *par la publicité déjà donnée à ma lettre*, étaient tellement graves qu'il lui serait absolument nécessaire de retourner à Bruxelles, pour avoir le moyen de connaître, en sacrifiant quelque argent, le nom de cet assassin. M. de Cazes m'avait déjà préveuu la veille de cet incident.

Le jour suivant je vis le ministre, et j'appuyai la proposition faite par M. Marinet, comme raisonnable et naturelle, attendu la publicité donnée à sa mission ; ce qui le privait des moyens d'approcher de celui qu'il cherchait ; et je ne croyais pas trop demander, puisque l'union des autorités françaises et belges était assez puissante pour priver le révélateur de tout avantage illicite qu'un tel voyage aurait pu lui promettre. Le ministre m'objecta combien une semblable démarche était délicate, et m'opposa la responsabilité qui pèserait sur lui dans le cas où, dans l'intervalle, cette tentative viendrait à se renouveler ; mais il ne me parut pas décidé à rejeter la totalité de la proposition.

Pendant ces pourparlers, M. Marinet jouissait d'une entière liberté ; rien n'annonçait de la part du gouvernement français l'intention de revenir sur le sauf-conduit dont il était porteur. Je l'ai rencontré plus d'une fois dans les promenades publiques, qu'il fréquentait, m'a-t-il dit, *d'après les instructions du ministre de la polic générale.*

Le 25 février, je fus invité à vérifier devant le juge d'instruction la lettre que j'avais adressée au chevalier Murray, le 30 janvier précédent ; et le jour suivant j'appris que M. Marinet avait été arrêté et conduit à la Conciergerie. Je ne vis dans cet acte arbitraire du gouvernement français qu'une violation manifeste du sauf-conduit, ce qui me porta à faire de suite des réclamations devant le juge d'instruction. Je crois devoir lés rapporter ici.

« Lorsque le secrétaire de l'ambassade britannique est venu à Bruxelles le 17 du mois » passé, il m'a invité à faire connaître le nom » de celui qui est le sujet de ma lettre du 30 » janvier, et qui m'avait confié le complot » tramé contre le duc de Wellington. Il me » communiqua une lettre de ce duc, laquelle » lettre assurait que le gouvernement français » était prêt à traiter avec le révélateur ; et sur » la parole de ce secrétaire, sur celle du duc

» de Richemond qui m'accompagnaient, et en » présence de M. le procureur du roi des Pays-» Bas, qui répondait aussi, pour son gouver-» nement, que cette assurance offrait une ga-» rantie solennelle, j'engageai M. Marinet à » remplir la condition qu'il avait faite avec moi » de se rendre à Paris aussitôt qu'un sauf-con-» duit lui aurait été accordé. Il n'a pas hésité; » il est venu : avant que je l'aie présenté au » ministre de la police, S. Exc. m'a confirmé » cette assurance, et elle a ajouté la promesse » conditionnelle d'un pardon entier relative-» ment aux faits pour lesquels il a été con-» damné. J'apprends que M. Marinet est ac-» tuellement arrêté et traité en criminel. J'en » appelle à la bonne foi du gouvernement » français, au témoignage des personnes res-» pectables que j'ai désignées, et surtout à » l'honneur du duc de Wellington, sur la pa-» role duquel l'assurance a été donnée à l'in-» dividu en question, pour que les conditions » établies avec lui soient observées. Il est de » mon honneur de réclamer, parce que c'est » par ma médiation, et sur la foi que j'ai ajou-» tée aux promesses du gouvernement fran-» çais, que cet individu s'est rendu volontaire-» ment à Paris. »

Depuis l'émission de cet acte, les doutes

que j'avais conçus sur l'intention du gouvernement de revenir *sur l'ancien jugement rendu contre lui* ont entièrement disparu, par la promesse faite à l'ambassadeur de S. M. britannique en France, et qui m'a été renouvelée par le ministre de la police générale, qu'on ne manquerait pas aux engagemens pris avec moi relativement au sieur Marinet. Ma sécurité à cet égard a été fortifiée par l'assurance que m'a donnée le procureur général près la cour royale (M. Bellart), qui ne connaissait pas l'affaire pour laquelle M. Marinet avait été précédemment condamné, et que son arrestation n'était fondée sur aucun jugement antérieur, ni sur les délits politiques qui lui auraient été imputés avant son retour à Paris.

Pouvais-je en effet encore douter de la loyauté du ministre, dont les réponses ne sont pas équivoques, sur les intentions de remplir les engagemens pris avec moi. Cependant, le sauf-conduit est violé! Après quelques jours de liberté, le sieur Marinet est saisi en vertu d'un mandat d'arrêt lancé par le juge d'instruction. Je dois conclure qu'il est traité en *coupable.* J'ignore la législation française; mais il m'est impossible de croire qu'elle renferme des *dispositions assez arbitraires pour transformer en criminel un révélateur accepté par le gouvernement sous un sauf-conduit*, et cela, en vertu de la simple volonté d'un ministre ou d'un juge, et de plonger un individu dans un cachot, parce qu'il n'a pas satisfait à l'attente que ses promesses de révélations auraient peut-être justifiées si, par une précipitation imprudente, on ne l'eût privé de ses propres moyens!

La légalité d'une telle démarche, le respect dû à la garantie, la mesure inopinée de convertir *un révélateur accepté en complice*, la possibilité même d'employer en justice un témoin *mort civilement* : toutes ces questions du plus haut intérêt social et judiciaire demandent un examen tellement profond, que je n'oserais l'entreprendre. Elles seront sans doute traitées par une magistrature droite et éclairée, par un gouvernement fidèle à ses engagemens, et par une nation éminemment jalouse de tout ce qui peut porter atteinte à la liberté individuelle.

Ici se termine l'exposé des faits arrivés jusqu'à ce jour.

Je crois devoir ajouter dans l'intérêt du sieur Marinet, que, si la justice n'a pas lieu d'être satisfaite de l'assistance que semblaient lui promettre ses recherches, il faut avouer qu'une singulière fatalité a paru influer sur toutes les démarches faites à cet égard. Je suis convaincu qu'elle a mis tout le zèle et toute l'intelligence dont elle est capable à pousser l'enquête. Mais des accidens et des fautes graves ont semblé concourir avec un concert bien funeste à détruire les chances du succès.

Je n'en rapporterai que deux preuves : la publicité de ma lettre du 30 janvier, et l'emprisonnement de M. Marinet. Je pose en principe qu'un associé de l'assassin n'aurait pas imaginé un moyen plus efficace pour rendre toutes recherches infructueuses, que l'empressement que l'on a mis pour apprendre au public le lieu d'où l'on devait attendre le révélateur, et même jusqu'à son nom ; car ce révélateur avait déclaré qu'il ignorait le nom de l'assassin, mais qu'il se faisait fort de trouver l'homme en personne à Paris ; et la plus grande publicité est donnée à une lettre qui désigne celui que l'assassin avait tant d'intérêt à ne pas laisser approcher de lui !

Ou M. Marinet est sincère quand il assure que le seul moyen d'arriver à la connaissance de l'assassin est par des recherches secrètes ; ou bien, sa déclaration n'est pas complète, et il y apporte des réticences.

Dans le premier cas, cette publicité indiscrète lui a ôté en effet les moyens d'approcher du coupable ; la seconde supposition lui fournit l'ouverture à des excuses dont il sera presque impossible de détruire la validité.

Il ne soutient pas, a-t-on dit, la déclaration qu'il m'a faite, et qu'à son arrivée il a répétée au ministre de la police.

Je ne prétends pas juger cet homme, que je connais à peine. Il est constant qu'il a affaibli ses premières déclarations; mais aussi faut-il considérer qu'il se trouve dans une position bien différente de celle qu'il s'est cru en droit d'occuper; et que si, d'un côté, la crainte de passer pour *délateur* lui en avait déjà imposé, de l'autre, la situation de *prévenu*, dont on lui a fait pressentir les peines, n'est pas faite pour le rassurer, ni pour lui inspirer de la franchise dans ses interrogatoires.

Ainsi donc, deux obstacles s'opposent à la découverte du crime, et il est difficile de les expliquer dans l'intérêt de la justice. *Le criminel est averti, le révélateur est emprisonné!* Si celui-ci n'use pas de réticences, le traitement qu'il éprouve est injuste; s'il en use, le moyen d'obtenir plus de franchise n'est certainement pas celui qu'on a employé.

Toutes les tentatives, que son état permettait de lui offrir, ont disparu, et il n'a devant les yeux que la nécessité de se défendre contre des présomptions que sa révélation incomplète a fait naître. . . . .

Qu'on juge si les formes déjà observées envers lui devront l'exciter à se fier aux propositions ultérieures qu'on pourra lui faire.

Je regrette l'inconséquence de ces démarches avec d'autant plus de raison, que de telles démarches doivent inévitablement retarder le moment où quelque lumière pourra être jetée sur le véritable auteur de cet attentat.

Dans l'intérêt de la justice et dans celui de la France, cette découverte est importante; mais combien cet intérêt se trouve augmenté lorsqu'on réfléchit aux souffrances de tant d'innocens détenus en prison et au secret pour un soupçon injuste, qui lui-même est une mortelle injure!

Je désavoue toute apologie qui pourrait s'offrir dans la difficulté du dilemne où m'a placé une confidence forcée. J'ai senti de suite l'embarras d'une telle position. J'ai été obligé, il est vrai, d'agir sans beaucoup de réflexion pour débarrasser ma conscience du fardeau dont on venait de la charger, afin de prévenir autant qu'il était en moi le crime horrible qu'on m'avait dénoncé. En toute occasion et à tout moment, j'ai agi d'après les conseils et avec l'entière approbation du duc de Richemond, dont l'amitié m'était d'autant plus précieuse dans cette circonstance, que, possédant l'entière confiance du duc de Wellington, il m'a semblé représenter la personne la plus intéressée et la plus capable de diriger mes démarches.

Je déclare persister, d'après les plus mûres réflexions, dans la conduite que j'ai tenue depuis le jour où ce secret est parvenu à ma connaissance.

Je pourrais facilement me renfermer dans une ligne plus propre à m'épargner des inconvéniens personnels, s'il m'était possible de secouer l'amertume que je ressens en voyant planer sur des personnes innocentes des soupçons outrageans, par suite de la révélation qu'on m'a faite.

Je ne suppose pas l'existence de cœurs assez corrompus pour que leur indignation se porte plutôt contre le révélateur que sur l'assassinat prémédité. L'intérêt d'empêcher un tel crime est commun à tous les hommes, et aucun sentiment avoué par l'honneur ne peut justifier des réticences sur de pareils forfaits. Le mérite d'un tel avertissement, fait à la France en 1806 par un grand homme d'état anglais, ne lui a été disputé que par des hommes avilis, et dans un moment où la violence des partis étouffait les plus honorables sentimens.

Qui dorénavant voudrait avertir aucun individu d'un attentat qui menacerait ses jours? Si l'homme, dont le gouvernement a accepté les services, doit se trouver tout d'un coup privé de la sauvegarde qui, seule, l'a déterminé à se rendre à Paris; s'il doit se voir accusé de complicité, sans preuves judiciaires, et au mépris des lois qui, à raison de sa mort civile, défendent toute autre procédure contre lui, les promesses du gouvernement seront désormais regardées comme des piéges. La non-révélation deviendra une mesure légitime de défense personnelle, même pour ceux qui, sans le prévoir, ont le plus innocemment du monde acquis la connaissance d'un crime médité.

Si même j'avais tort, en reprochant au ministère français une *arrestation illégale*, au moins est-il certain que le sieur Marinet a été induit par la confiance que le duc de Richemond et moi lui avons inspirée, et par le sauf-conduit accordé, à se livrer au pouvoir qui aujourd'hui le fait languir en prison. Or, est-il croyable que, s'il avait prévu le sort qui l'attendait, il n'eût pas préféré les risques auxquels son indiscrétion l'avait exposé à Bruxelles plutôt que de s'attirer les souffrances horribles que le secret de sa prison lui impose à Paris?

L'avantage de sa présence immédiate à Paris,

où là seulement l'assassin pouvait être désigné, *d'après l'avis du procureur du roi des Pays-Bas*, *était immense dans l'intérêt du duc de Wellington et du gouvernement français*; et ce gouvernement manifestait assez le désir de profiter de ses révélations par *l'offre de traiter qu'il annonçait*.

Ce gouvernement peut-il aujourd'hui disputer la validité de cette offre?

Les conditions n'étaient pas précisées, dit-on. Si un gouvernement qui se dit *prêt à traiter avec un révélateur*, peut lui ravir le prix de ses services, dans le cas où ses réticences et sa mauvaise foi ôtent toute valeur à ses révélations, osera-t-on justifier une décision arbitraire, par laquelle, en se faisant un jeu de la crédulité d'un malheureux, on l'incarcère à volonté, en protestant d'un respect inviolable pour les engagemens pris avec lui?

On m'objecte, et je crois avec raison, qu'il y a maintenant du vague dans le langage du sieur Marinet, qui n'a pas développé les moyens de parvenir aux découvertes qu'il avait annoncées. On ne veut donc plus de lui comme révélateur? Rien de plus juste; qu'on lui refuse donc les avantages conditionnels qu'il a demandés; mais alors que, remplissant les engagemens les plus sacrés, *on le place dans une position ni plus ni moins avantageuse, que celle dont il est sorti quand on a accepté son intervention.*

Si quelque chose manquait à l'interprétation libérale du sauf-conduit, mes lettres du 30 janvier et du 13 février expliquent en termes formels *le retour à Bruxelles comme condition indispensable* du voyage qu'il consentait à faire.

J'invoque la justice et la loyauté des ministres du roi de France, et l'appui du duc de Wellington pour que cette condition soit exactement remplie. Il sera toujours temps d'agir dans l'intérêt de la justice après que la bonne foi aura été satisfaite; et l'individu dont il s'agit n'aura alors à se plaindre que des difficultés de la position où il s'est volontairement placé.

Je dois justifier mon intervention dans les actes d'un gouvernement étranger par la déclaration, que dans ma conscience, dans mon honneur, je ne puis me dispenser de faire.

Malgré les argumens des hommes chargés du ministère public, qui voulaient me décharger de ma responsabilité envers M. Marinet, par suite de non-accomplissement de ses promesses de révélation, je me crois redevable envers celui-ci de tous mes efforts pour le faire sortir de la prison où il est plongé depuis plusieurs semaines, uniquement par la confiance que le duc de Richemond et moi lui avons inspirée.

Ici ce termine la tâche pénible que je me suis imposée ; la défense d'un infortuné gémissant dans un cachot, séquestré de toute communication, d'un infortuné dont le tort apparent est d'avoir cédé à un sentiment aussi naturel que généreux, en donnant la connaissance d'un grand crime, qu'il cherchait à découvrir pour sauver à sa patrie le déshonneur attaché à de pareils attentats.

Entraîné malgré moi dans des démêlés aussi épineux, j'ai dû mettre au jour ma conduite toute entière. J'ai tâché d'exposer le moins mal possible le récit des faits dans une langue qui ne m'est pas familière. S'il pouvait paraître long ou diffus à quelques personnes, qu'elles veuillent bien se rappeler que je suis étranger, et que je défends un prisonnier, dont la bonne foi l'a livré à moi, et qui est aujourd'hui sans défense.

Dans des circonstances aussi douloureuses, je ne puis que me louer, pour ce qui m'est personnel, des égards des autorités françaises. Mais, tout en reconnaissant les déférences dont j'ai pu être l'objet, puis-je rester spectateur muet et impassible de la *séquestration* absolue d'un homme que j'ai moi-même amené à Paris sur une promesse sacrée ? Puis-je garder un silence, honteux dans mon opinion, lorsque toutes les recherches des magistrats me font apercevoir avec une crainte légitime que l'on voudrait confondre les époques, lier des faits nouveaux à des faits antérieurs, et façonner l'opinion publique de manière à ne voir que de justes victimes dans des personnes déjà en butte à la persécution ?

Jamais on ne me persuadera que des indications erronées puissent autoriser à violer une parole d'autant plus sacrée *qu'elle est donnée au* FAIBLE *par le* FORT. Jamais, non plus, il n'entrera dans mon cœur de me croire délié de mes promesses envers un homme enchaîné, parce que des magistrats auront trouvé ses révélations incomplètes, lorsque surtout il m'est évidemment démontré qu'on a paralysé, involontairement, j'ose le croire, des moyens de découvertes que le révélateur avait indiqués comme indispensables au succès de ses recherches.

On fera encore moins croire au public qu'on peut arbitrairement changer une législation universellement établie, en transformant un *révélateur* en *criminel*, un *homme mort civilement* en *témoin principal*, un *attentat qui pourrait n'être qu'une vengeance personnelle* en une *conspiration d'état.*

Par tous ces motifs, je persiste à demander l'accomplissement des promesses faites au sieur Marinet, de le laisser retourner en toute sûreté à Bruxelles.

IMPRIMERIE DE FAIN, PLACE DE L'ODÉON.

www.ingramcontent.com/pod-product-compliance
Lightning Source LLC
LaVergne TN
LVHW020310230826
846091LV00006B/2624

* 9 7 8 2 0 1 1 7 8 5 5 0 3 *